CARNET DE
MOTS DE PASSE

┌─ *Site Web* : ....
│
│ *Identifiant* : .... *Mot de passe* : ....
│
│ *Adresse mail* : .... *Code PIN* : ....
│
│ *Question secrète* : ....
│
│ ....
│
│ *Notes supplémentaires* : ....
│
│ ....
│
└─────────────────────────────────── *Date* : ....

┌─ *Site Web* : ....
│
│ *Identifiant* : .... *Mot de passe* : ....
│
│ *Adresse mail* : .... *Code PIN* : ....
│
│ *Question secrète* : ....
│
│ ....
│
│ *Notes supplémentaires* : ....
│
│ ....
│
└─────────────────────────────────── *Date* : ....

┌─ *Site Web* : ....
│
│ *Identifiant* : .... *Mot de passe* : ....
│
│ *Adresse mail* : .... *Code PIN* : ....
│
│ *Question secrète* : ....
│
│ ....
│
│ *Notes supplémentaires* : ....
│
│ ....
│
└─────────────────────────────────── *Date* : ....

┌─ *Site Web* : ....
│
│ *Identifiant* : .... *Mot de passe* : ....
│
│ *Adresse mail* : .... *Code PIN* : ....
│
│ *Question secrète* : ....
│
│ ....
│
│ *Notes supplémentaires* : ....
│
│ ....
│
└─────────────────────────────────── *Date* : ....

┌─ *Site Web* : --

Identifiant : ----------------------------- *Mot de passe* : -----------------------

Adresse mail : --- *Code PIN* : -----------

Question secrète : --

Notes supplémentaires : ---

└── *Date* : ------------

┌─ *Site Web* : --

Identifiant : ----------------------------- *Mot de passe* : -----------------------

Adresse mail : --- *Code PIN* : -----------

Question secrète : --

Notes supplémentaires : ---

└── *Date* : ------------

┌─ *Site Web* : --

Identifiant : ----------------------------- *Mot de passe* : -----------------------

Adresse mail : --- *Code PIN* : -----------

Question secrète : --

Notes supplémentaires : ---

└── *Date* : ------------

┌─ *Site Web* : --

Identifiant : ----------------------------- *Mot de passe* : -----------------------

Adresse mail : --- *Code PIN* : -----------

Question secrète : --

Notes supplémentaires : ---

└── *Date* : ------------

- Site Web : ....

Identifiant : .... Mot de passe : ....

Adresse mail : .... Code PIN : ....

Question secrète : ....

....

Notes supplémentaires : ....

....

Date : ....

- Site Web : ....

Identifiant : .... Mot de passe : ....

Adresse mail : .... Code PIN : ....

Question secrète : ....

....

Notes supplémentaires : ....

....

Date : ....

- Site Web : ....

Identifiant : .... Mot de passe : ....

Adresse mail : .... Code PIN : ....

Question secrète : ....

....

Notes supplémentaires : ....

....

Date : ....

- Site Web : ....

Identifiant : .... Mot de passe : ....

Adresse mail : .... Code PIN : ....

Question secrète : ....

....

Notes supplémentaires : ....

....

Date : ....

Site Web : --

Identifiant : ---------------------------- *Mot de passe :* ----------------------------

Adresse mail : -- *Code PIN :* --------------

Question secrète : --

Notes supplémentaires : ---

Date : --------------

Site Web : --

Identifiant : ---------------------------- *Mot de passe :* ----------------------------

Adresse mail : -- *Code PIN :* --------------

Question secrète : --

Notes supplémentaires : ---

Date : --------------

Site Web : --

Identifiant : ---------------------------- *Mot de passe :* ----------------------------

Adresse mail : -- *Code PIN :* --------------

Question secrète : --

Notes supplémentaires : ---

Date : --------------

Site Web : --

Identifiant : ---------------------------- *Mot de passe :* ----------------------------

Adresse mail : -- *Code PIN :* --------------

Question secrète : --

Notes supplémentaires : ---

Date : --------------

Site Web : --

Identifiant : ------------------------------- Mot de passe : ---------------------

Adresse mail : ---------------------------------- Code PIN : -------------

Question secrète : ---

Notes supplémentaires : --

-- Date : -----------

Site Web : --

Identifiant : ------------------------------- Mot de passe : ---------------------

Adresse mail : ---------------------------------- Code PIN : -------------

Question secrète : ---

Notes supplémentaires : --

-- Date : -----------

Site Web : --

Identifiant : ------------------------------- Mot de passe : ---------------------

Adresse mail : ---------------------------------- Code PIN : -------------

Question secrète : ---

Notes supplémentaires : --

-- Date : -----------

Site Web : --

Identifiant : ------------------------------- Mot de passe : ---------------------

Adresse mail : ---------------------------------- Code PIN : -------------

Question secrète : ---

Notes supplémentaires : --

-- Date : -----------

Site Web : ....

Identifiant : .... *Mot de passe* : ....

Adresse mail : .... *Code PIN* : ....

Question secrète : ....

....

Notes supplémentaires : ....

....

Date : ....

Site Web : ....

Identifiant : .... *Mot de passe* : ....

Adresse mail : .... *Code PIN* : ....

Question secrète : ....

....

Notes supplémentaires : ....

....

Date : ....

Site Web : ....

Identifiant : .... *Mot de passe* : ....

Adresse mail : .... *Code PIN* : ....

Question secrète : ....

....

Notes supplémentaires : ....

....

Date : ....

Site Web : ....

Identifiant : .... *Mot de passe* : ....

Adresse mail : .... *Code PIN* : ....

Question secrète : ....

....

Notes supplémentaires : ....

....

Date : ....

Site Web : ....

Identifiant : .... Mot de passe : ....

Adresse mail : .... Code PIN : ....

Question secrète : ....

....

Notes supplémentaires : ....

....

Date : ....

Site Web : ....

Identifiant : .... Mot de passe : ....

Adresse mail : .... Code PIN : ....

Question secrète : ....

....

Notes supplémentaires : ....

....

Date : ....

Site Web : ....

Identifiant : .... Mot de passe : ....

Adresse mail : .... Code PIN : ....

Question secrète : ....

....

Notes supplémentaires : ....

....

Date : ....

Site Web : ....

Identifiant : .... Mot de passe : ....

Adresse mail : .... Code PIN : ....

Question secrète : ....

....

Notes supplémentaires : ....

....

Date : ....

Site Web : ....

Identifiant : .... *Mot de passe* : ....

Adresse mail : .... *Code PIN* : ....

Question secrète : ....

....

Notes supplémentaires : ....

....

Date : ....

Site Web : ....

Identifiant : .... *Mot de passe* : ....

Adresse mail : .... *Code PIN* : ....

Question secrète : ....

....

Notes supplémentaires : ....

....

Date : ....

Site Web : ....

Identifiant : .... *Mot de passe* : ....

Adresse mail : .... *Code PIN* : ....

Question secrète : ....

....

Notes supplémentaires : ....

....

Date : ....

Site Web : ....

Identifiant : .... *Mot de passe* : ....

Adresse mail : .... *Code PIN* : ....

Question secrète : ....

....

Notes supplémentaires : ....

....

Date : ....

Site Web : ....

Identifiant : .... *Mot de passe* : ....

Adresse mail : .... *Code PIN* : ....

Question secrète : ....

....

Notes supplémentaires : ....

....

Date : ....

Site Web : ....

Identifiant : .... *Mot de passe* : ....

Adresse mail : .... *Code PIN* : ....

Question secrète : ....

....

Notes supplémentaires : ....

....

Date : ....

Site Web : ....

Identifiant : .... *Mot de passe* : ....

Adresse mail : .... *Code PIN* : ....

Question secrète : ....

....

Notes supplémentaires : ....

....

Date : ....

Site Web : ....

Identifiant : .... *Mot de passe* : ....

Adresse mail : .... *Code PIN* : ....

Question secrète : ....

....

Notes supplémentaires : ....

....

Date : ....

Site Web : ....

Identifiant : .... Mot de passe : ....

Adresse mail : .... Code PIN : ....

Question secrète : ....

....

Notes supplémentaires : ....

....

.... Date : ....

Site Web : ....

Identifiant : .... Mot de passe : ....

Adresse mail : .... Code PIN : ....

Question secrète : ....

....

Notes supplémentaires : ....

....

.... Date : ....

Site Web : ....

Identifiant : .... Mot de passe : ....

Adresse mail : .... Code PIN : ....

Question secrète : ....

....

Notes supplémentaires : ....

....

.... Date : ....

Site Web : ....

Identifiant : .... Mot de passe : ....

Adresse mail : .... Code PIN : ....

Question secrète : ....

....

Notes supplémentaires : ....

....

.... Date : ....

Site Web : ....

Identifiant : .... *Mot de passe :* ....

Adresse mail : .... *Code PIN :* ....

Question secrète : ....

....

Notes supplémentaires : ....

....

Date : ....

Site Web : ....

Identifiant : .... *Mot de passe :* ....

Adresse mail : .... *Code PIN :* ....

Question secrète : ....

....

Notes supplémentaires : ....

....

Date : ....

Site Web : ....

Identifiant : .... *Mot de passe :* ....

Adresse mail : .... *Code PIN :* ....

Question secrète : ....

....

Notes supplémentaires : ....

....

Date : ....

Site Web : ....

Identifiant : .... *Mot de passe :* ....

Adresse mail : .... *Code PIN :* ....

Question secrète : ....

....

Notes supplémentaires : ....

....

Date : ....

Site Web : ....

Identifiant : .... Mot de passe : ....

Adresse mail : .... Code PIN : ....

Question secrète : ....

....

Notes supplémentaires : ....

....

Date : ....

Site Web : ....

Identifiant : .... Mot de passe : ....

Adresse mail : .... Code PIN : ....

Question secrète : ....

....

Notes supplémentaires : ....

....

Date : ....

Site Web : ....

Identifiant : .... Mot de passe : ....

Adresse mail : .... Code PIN : ....

Question secrète : ....

....

Notes supplémentaires : ....

....

Date : ....

Site Web : ....

Identifiant : .... Mot de passe : ....

Adresse mail : .... Code PIN : ....

Question secrète : ....

....

Notes supplémentaires : ....

....

Date : ....

Site Web : ....

Identifiant : .... *Mot de passe :* ....

Adresse mail : .... *Code PIN :* ....

Question secrète : ....

....

Notes supplémentaires : ....

....

Date : ....

Site Web : ....

Identifiant : .... *Mot de passe :* ....

Adresse mail : .... *Code PIN :* ....

Question secrète : ....

....

Notes supplémentaires : ....

....

Date : ....

Site Web : ....

Identifiant : .... *Mot de passe :* ....

Adresse mail : .... *Code PIN :* ....

Question secrète : ....

....

Notes supplémentaires : ....

....

Date : ....

Site Web : ....

Identifiant : .... *Mot de passe :* ....

Adresse mail : .... *Code PIN :* ....

Question secrète : ....

....

Notes supplémentaires : ....

....

Date : ....

Site Web : ....

Identifiant : .... *Mot de passe* : ....

Adresse mail : .... *Code PIN* : ....

Question secrète : ....

....

Notes supplémentaires : ....

....

Date : ....

Site Web : ....

Identifiant : .... *Mot de passe* : ....

Adresse mail : .... *Code PIN* : ....

Question secrète : ....

....

Notes supplémentaires : ....

....

Date : ....

Site Web : ....

Identifiant : .... *Mot de passe* : ....

Adresse mail : .... *Code PIN* : ....

Question secrète : ....

....

Notes supplémentaires : ....

....

Date : ....

Site Web : ....

Identifiant : .... *Mot de passe* : ....

Adresse mail : .... *Code PIN* : ....

Question secrète : ....

....

Notes supplémentaires : ....

....

Date : ....

Site Web : --

Identifiant : ------------------------------- *Mot de passe* : -------------------------

Adresse mail : ---------------------------------- *Code PIN* : -------------

Question secrète : ---

Notes supplémentaires : ---

--- *Date* : -------------

Site Web : --

Identifiant : ------------------------------- *Mot de passe* : -------------------------

Adresse mail : ---------------------------------- *Code PIN* : -------------

Question secrète : ---

Notes supplémentaires : ---

--- *Date* : -------------

Site Web : --

Identifiant : ------------------------------- *Mot de passe* : -------------------------

Adresse mail : ---------------------------------- *Code PIN* : -------------

Question secrète : ---

Notes supplémentaires : ---

--- *Date* : -------------

Site Web : --

Identifiant : ------------------------------- *Mot de passe* : -------------------------

Adresse mail : ---------------------------------- *Code PIN* : -------------

Question secrète : ---

Notes supplémentaires : ---

--- *Date* : -------------

Site Web : ....

Identifiant : .... Mot de passe : ....

Adresse mail : .... Code PIN : ....

Question secrète : ....

....

Notes supplémentaires : ....

....

Date : ....

Site Web : ....

Identifiant : .... Mot de passe : ....

Adresse mail : .... Code PIN : ....

Question secrète : ....

....

Notes supplémentaires : ....

....

Date : ....

Site Web : ....

Identifiant : .... Mot de passe : ....

Adresse mail : .... Code PIN : ....

Question secrète : ....

....

Notes supplémentaires : ....

....

Date : ....

Site Web : ....

Identifiant : .... Mot de passe : ....

Adresse mail : .... Code PIN : ....

Question secrète : ....

....

Notes supplémentaires : ....

....

Date : ....

Site Web : ....

Identifiant : .... Mot de passe : ....

Adresse mail : .... Code PIN : ....

Question secrète : ....

....

Notes supplémentaires : ....

....

Date : ....

Site Web : ....

Identifiant : .... Mot de passe : ....

Adresse mail : .... Code PIN : ....

Question secrète : ....

....

Notes supplémentaires : ....

....

Date : ....

Site Web : ....

Identifiant : .... Mot de passe : ....

Adresse mail : .... Code PIN : ....

Question secrète : ....

....

Notes supplémentaires : ....

....

Date : ....

Site Web : ....

Identifiant : .... Mot de passe : ....

Adresse mail : .... Code PIN : ....

Question secrète : ....

....

Notes supplémentaires : ....

....

Date : ....

Site Web : ....

Identifiant : .... _Mot de passe :_ ....

Adresse mail : .... _Code PIN :_ ....

Question secrète : ....

....

Notes supplémentaires : ....

....

Date : ....

Site Web : ....

Identifiant : .... _Mot de passe :_ ....

Adresse mail : .... _Code PIN :_ ....

Question secrète : ....

....

Notes supplémentaires : ....

....

Date : ....

Site Web : ....

Identifiant : .... _Mot de passe :_ ....

Adresse mail : .... _Code PIN :_ ....

Question secrète : ....

....

Notes supplémentaires : ....

....

Date : ....

Site Web : ....

Identifiant : .... _Mot de passe :_ ....

Adresse mail : .... _Code PIN :_ ....

Question secrète : ....

....

Notes supplémentaires : ....

....

Date : ....

Site Web : ____

Identifiant : ____________________ Mot de passe : ____________________

Adresse mail : ____________________ Code PIN : ____________

Question secrète : ____

____

Notes supplémentaires : ____

____

Date : ____________

Site Web : ____

Identifiant : ____________________ Mot de passe : ____________________

Adresse mail : ____________________ Code PIN : ____________

Question secrète : ____

____

Notes supplémentaires : ____

____

Date : ____________

Site Web : ____

Identifiant : ____________________ Mot de passe : ____________________

Adresse mail : ____________________ Code PIN : ____________

Question secrète : ____

____

Notes supplémentaires : ____

____

Date : ____________

Site Web : ____

Identifiant : ____________________ Mot de passe : ____________________

Adresse mail : ____________________ Code PIN : ____________

Question secrète : ____

____

Notes supplémentaires : ____

____

Date : ____________

Site Web : ....

Identifiant : .... *Mot de passe* : ....

Adresse mail : .... *Code PIN* : ....

Question secrète : ....

....

Notes supplémentaires : ....

....

Date : ....

Site Web : ....

Identifiant : .... *Mot de passe* : ....

Adresse mail : .... *Code PIN* : ....

Question secrète : ....

....

Notes supplémentaires : ....

....

Date : ....

Site Web : ....

Identifiant : .... *Mot de passe* : ....

Adresse mail : .... *Code PIN* : ....

Question secrète : ....

....

Notes supplémentaires : ....

....

Date : ....

Site Web : ....

Identifiant : .... *Mot de passe* : ....

Adresse mail : .... *Code PIN* : ....

Question secrète : ....

....

Notes supplémentaires : ....

....

Date : ....

Site Web : ....

Identifiant : .... *Mot de passe* : ....

Adresse mail : .... *Code PIN* : ....

Question secrète : ....

....

Notes supplémentaires : ....

....

Date : ....

Site Web : ....

Identifiant : .... *Mot de passe* : ....

Adresse mail : .... *Code PIN* : ....

Question secrète : ....

....

Notes supplémentaires : ....

....

Date : ....

Site Web : ....

Identifiant : .... *Mot de passe* : ....

Adresse mail : .... *Code PIN* : ....

Question secrète : ....

....

Notes supplémentaires : ....

....

Date : ....

Site Web : ....

Identifiant : .... *Mot de passe* : ....

Adresse mail : .... *Code PIN* : ....

Question secrète : ....

....

Notes supplémentaires : ....

....

Date : ....

Site Web : ....

Identifiant : .... Mot de passe : ....

Adresse mail : .... Code PIN : ....

Question secrète : ....

....

Notes supplémentaires : ....

....

Date : ....

Site Web : ....

Identifiant : .... Mot de passe : ....

Adresse mail : .... Code PIN : ....

Question secrète : ....

....

Notes supplémentaires : ....

....

Date : ....

Site Web : ....

Identifiant : .... Mot de passe : ....

Adresse mail : .... Code PIN : ....

Question secrète : ....

....

Notes supplémentaires : ....

....

Date : ....

Site Web : ....

Identifiant : .... Mot de passe : ....

Adresse mail : .... Code PIN : ....

Question secrète : ....

....

Notes supplémentaires : ....

....

Date : ....

Site Web : --

Identifiant : -------------------------------- _Mot de passe_ : --------------------

Adresse mail : -- _Code PIN_ : -------------

Question secrète : ---

Notes supplémentaires : ---

-- _Date_ : -------------

Site Web : --

Identifiant : -------------------------------- _Mot de passe_ : --------------------

Adresse mail : -- _Code PIN_ : -------------

Question secrète : ---

Notes supplémentaires : ---

-- _Date_ : -------------

Site Web : --

Identifiant : -------------------------------- _Mot de passe_ : --------------------

Adresse mail : -- _Code PIN_ : -------------

Question secrète : ---

Notes supplémentaires : ---

-- _Date_ : -------------

Site Web : --

Identifiant : -------------------------------- _Mot de passe_ : --------------------

Adresse mail : -- _Code PIN_ : -------------

Question secrète : ---

Notes supplémentaires : ---

-- _Date_ : -------------

Site Web : ....

Identifiant : .... Mot de passe : ....

Adresse mail : .... Code PIN : ....

Question secrète : ....

....

Notes supplémentaires : ....

....

Date : ....

Site Web : ....

Identifiant : .... Mot de passe : ....

Adresse mail : .... Code PIN : ....

Question secrète : ....

....

Notes supplémentaires : ....

....

Date : ....

Site Web : ....

Identifiant : .... Mot de passe : ....

Adresse mail : .... Code PIN : ....

Question secrète : ....

....

Notes supplémentaires : ....

....

Date : ....

Site Web : ....

Identifiant : .... Mot de passe : ....

Adresse mail : .... Code PIN : ....

Question secrète : ....

....

Notes supplémentaires : ....

....

Date : ....

Site Web : --

Identifiant : ---------------------------- Mot de passe : ----------------------

Adresse mail : -- Code PIN : ------------

Question secrète : --

Notes supplémentaires : --

-- Date : -------------

Site Web : --

Identifiant : ---------------------------- Mot de passe : ----------------------

Adresse mail : -- Code PIN : ------------

Question secrète : --

Notes supplémentaires : --

-- Date : -------------

Site Web : --

Identifiant : ---------------------------- Mot de passe : ----------------------

Adresse mail : -- Code PIN : ------------

Question secrète : --

Notes supplémentaires : --

-- Date : -------------

Site Web : --

Identifiant : ---------------------------- Mot de passe : ----------------------

Adresse mail : -- Code PIN : ------------

Question secrète : --

Notes supplémentaires : --

-- Date : -------------

Site Web : ....

Identifiant : .... *Mot de passe :* ....

Adresse mail : .... *Code PIN :* ....

Question secrète : ....

....

Notes supplémentaires : ....

....

Date : ....

Site Web : ....

Identifiant : .... *Mot de passe :* ....

Adresse mail : .... *Code PIN :* ....

Question secrète : ....

....

Notes supplémentaires : ....

....

Date : ....

Site Web : ....

Identifiant : .... *Mot de passe :* ....

Adresse mail : .... *Code PIN :* ....

Question secrète : ....

....

Notes supplémentaires : ....

....

Date : ....

Site Web : ....

Identifiant : .... *Mot de passe :* ....

Adresse mail : .... *Code PIN :* ....

Question secrète : ....

....

Notes supplémentaires : ....

....

Date : ....

Site Web : ....

Identifiant : .... **Mot de passe :** ....

Adresse mail : .... **Code PIN :** ....

Question secrète : ....

....

Notes supplémentaires : ....

....

Date : ....

Site Web : ....

Identifiant : .... **Mot de passe :** ....

Adresse mail : .... **Code PIN :** ....

Question secrète : ....

....

Notes supplémentaires : ....

....

Date : ....

Site Web : ....

Identifiant : .... **Mot de passe :** ....

Adresse mail : .... **Code PIN :** ....

Question secrète : ....

....

Notes supplémentaires : ....

....

Date : ....

Site Web : ....

Identifiant : .... **Mot de passe :** ....

Adresse mail : .... **Code PIN :** ....

Question secrète : ....

....

Notes supplémentaires : ....

....

Date : ....

Site Web : ....

Identifiant : .... Mot de passe : ....

Adresse mail : .... Code PIN : ....

Question secrète : ....

....

Notes supplémentaires : ....

....

————————————————————————— Date : ....

Site Web : ....

Identifiant : .... Mot de passe : ....

Adresse mail : .... Code PIN : ....

Question secrète : ....

....

Notes supplémentaires : ....

....

————————————————————————— Date : ....

Site Web : ....

Identifiant : .... Mot de passe : ....

Adresse mail : .... Code PIN : ....

Question secrète : ....

....

Notes supplémentaires : ....

....

————————————————————————— Date : ....

Site Web : ....

Identifiant : .... Mot de passe : ....

Adresse mail : .... Code PIN : ....

Question secrète : ....

....

Notes supplémentaires : ....

....

————————————————————————— Date : ....

Site Web : ....

Identifiant : .... Mot de passe : ....

Adresse mail : .... Code PIN : ....

Question secrète : ....

....

Notes supplémentaires : ....

....

Date : ....

Site Web : ....

Identifiant : .... Mot de passe : ....

Adresse mail : .... Code PIN : ....

Question secrète : ....

....

Notes supplémentaires : ....

....

Date : ....

Site Web : ....

Identifiant : .... Mot de passe : ....

Adresse mail : .... Code PIN : ....

Question secrète : ....

....

Notes supplémentaires : ....

....

Date : ....

Site Web : ....

Identifiant : .... Mot de passe : ....

Adresse mail : .... Code PIN : ....

Question secrète : ....

....

Notes supplémentaires : ....

....

Date : ....

Site Web : ....

Identifiant : .... *Mot de passe* : ....

Adresse mail : .... *Code PIN* : ....

Question secrète : ....

....

Notes supplémentaires : ....

....

Date : ....

Site Web : ....

Identifiant : .... *Mot de passe* : ....

Adresse mail : .... *Code PIN* : ....

Question secrète : ....

....

Notes supplémentaires : ....

....

Date : ....

Site Web : ....

Identifiant : .... *Mot de passe* : ....

Adresse mail : .... *Code PIN* : ....

Question secrète : ....

....

Notes supplémentaires : ....

....

Date : ....

Site Web : ....

Identifiant : .... *Mot de passe* : ....

Adresse mail : .... *Code PIN* : ....

Question secrète : ....

....

Notes supplémentaires : ....

....

Date : ....

┌─ *Site Web* : --

Identifiant : ------------------------------ *Mot de passe* : --------------------------

Adresse mail : -- *Code PIN* : --------------

Question secrète : ---

Notes supplémentaires : ---

└─────────────────────────────────────── *Date* : ----------────┘

┌─ *Site Web* : --

Identifiant : ------------------------------ *Mot de passe* : --------------------------

Adresse mail : -- *Code PIN* : --------------

Question secrète : ---

Notes supplémentaires : ---

└─────────────────────────────────────── *Date* : ----------────┘

┌─ *Site Web* : --

Identifiant : ------------------------------ *Mot de passe* : --------------------------

Adresse mail : -- *Code PIN* : --------------

Question secrète : ---

Notes supplémentaires : ---

└─────────────────────────────────────── *Date* : ----------────┘

┌─ *Site Web* : --

Identifiant : ------------------------------ *Mot de passe* : --------------------------

Adresse mail : -- *Code PIN* : --------------

Question secrète : ---

Notes supplémentaires : ---

└─────────────────────────────────────── *Date* : ----------────┘

Site Web : ....

Identifiant : .... *Mot de passe :* ....

Adresse mail : .... *Code PIN :* ....

Question secrète : ....

....

Notes supplémentaires : ....

.... *Date :* ....

Site Web : ....

Identifiant : .... *Mot de passe :* ....

Adresse mail : .... *Code PIN :* ....

Question secrète : ....

....

Notes supplémentaires : ....

.... *Date :* ....

Site Web : ....

Identifiant : .... *Mot de passe :* ....

Adresse mail : .... *Code PIN :* ....

Question secrète : ....

....

Notes supplémentaires : ....

.... *Date :* ....

Site Web : ....

Identifiant : .... *Mot de passe :* ....

Adresse mail : .... *Code PIN :* ....

Question secrète : ....

....

Notes supplémentaires : ....

.... *Date :* ....

Site Web : --

Identifiant : ---------------------------- Mot de passe : ----------------------------

Adresse mail : -- Code PIN : -------------

Question secrète : --

Notes supplémentaires : --

Date : -------------

Site Web : --

Identifiant : ---------------------------- Mot de passe : ----------------------------

Adresse mail : -- Code PIN : -------------

Question secrète : --

Notes supplémentaires : --

Date : -------------

Site Web : --

Identifiant : ---------------------------- Mot de passe : ----------------------------

Adresse mail : -- Code PIN : -------------

Question secrète : --

Notes supplémentaires : --

Date : -------------

Site Web : --

Identifiant : ---------------------------- Mot de passe : ----------------------------

Adresse mail : -- Code PIN : -------------

Question secrète : --

Notes supplémentaires : --

Date : -------------

Site Web : ....

Identifiant : .... Mot de passe : ....

Adresse mail : .... Code PIN : ....

Question secrète : ....

....

Notes supplémentaires : ....

....

Date : ....

Site Web : ....

Identifiant : .... Mot de passe : ....

Adresse mail : .... Code PIN : ....

Question secrète : ....

....

Notes supplémentaires : ....

....

Date : ....

Site Web : ....

Identifiant : .... Mot de passe : ....

Adresse mail : .... Code PIN : ....

Question secrète : ....

....

Notes supplémentaires : ....

....

Date : ....

Site Web : ....

Identifiant : .... Mot de passe : ....

Adresse mail : .... Code PIN : ....

Question secrète : ....

....

Notes supplémentaires : ....

....

Date : ....

Site Web : --

Identifiant : ----------------------------------- *Mot de passe* : ------------------------

Adresse mail : --------------------------------- *Code PIN* : -------------

Question secrète : --

Notes supplémentaires : --

Date : -------------

Site Web : --

Identifiant : ----------------------------------- *Mot de passe* : ------------------------

Adresse mail : --------------------------------- *Code PIN* : -------------

Question secrète : --

Notes supplémentaires : --

Date : -------------

Site Web : --

Identifiant : ----------------------------------- *Mot de passe* : ------------------------

Adresse mail : --------------------------------- *Code PIN* : -------------

Question secrète : --

Notes supplémentaires : --

Date : -------------

Site Web : --

Identifiant : ----------------------------------- *Mot de passe* : ------------------------

Adresse mail : --------------------------------- *Code PIN* : -------------

Question secrète : --

Notes supplémentaires : --

Date : -------------

Site Web : ....

Identifiant : .... *Mot de passe* : ....

Adresse mail : .... *Code PIN* : ....

Question secrète : ....

....

Notes supplémentaires : ....

....

Date : ....

Site Web : ....

Identifiant : .... *Mot de passe* : ....

Adresse mail : .... *Code PIN* : ....

Question secrète : ....

....

Notes supplémentaires : ....

....

Date : ....

Site Web : ....

Identifiant : .... *Mot de passe* : ....

Adresse mail : .... *Code PIN* : ....

Question secrète : ....

....

Notes supplémentaires : ....

....

Date : ....

Site Web : ....

Identifiant : .... *Mot de passe* : ....

Adresse mail : .... *Code PIN* : ....

Question secrète : ....

....

Notes supplémentaires : ....

....

Date : ....

Site Web : ....

Identifiant : .... Mot de passe : ....
Adresse mail : .... Code PIN : ....
Question secrète : ....
....
Notes supplémentaires : ....
....
Date : ....

Site Web : ....

Identifiant : .... Mot de passe : ....
Adresse mail : .... Code PIN : ....
Question secrète : ....
....
Notes supplémentaires : ....
....
Date : ....

Site Web : ....

Identifiant : .... Mot de passe : ....
Adresse mail : .... Code PIN : ....
Question secrète : ....
....
Notes supplémentaires : ....
....
Date : ....

Site Web : ....

Identifiant : .... Mot de passe : ....
Adresse mail : .... Code PIN : ....
Question secrète : ....
....
Notes supplémentaires : ....
....
Date : ....

Site Web : ....

Identifiant : .... Mot de passe : ....

Adresse mail : .... Code PIN : ....

Question secrète : ....

....

Notes supplémentaires : ....

....

Date : ....

Site Web : ....

Identifiant : .... Mot de passe : ....

Adresse mail : .... Code PIN : ....

Question secrète : ....

....

Notes supplémentaires : ....

....

Date : ....

Site Web : ....

Identifiant : .... Mot de passe : ....

Adresse mail : .... Code PIN : ....

Question secrète : ....

....

Notes supplémentaires : ....

....

Date : ....

Site Web : ....

Identifiant : .... Mot de passe : ....

Adresse mail : .... Code PIN : ....

Question secrète : ....

....

Notes supplémentaires : ....

....

Date : ....

Site Web : ....

Identifiant : .... Mot de passe : ....

Adresse mail : .... Code PIN : ....

Question secrète : ....

....

Notes supplémentaires : ....

....

Date : ....

Site Web : ....

Identifiant : .... Mot de passe : ....

Adresse mail : .... Code PIN : ....

Question secrète : ....

....

Notes supplémentaires : ....

....

Date : ....

Site Web : ....

Identifiant : .... Mot de passe : ....

Adresse mail : .... Code PIN : ....

Question secrète : ....

....

Notes supplémentaires : ....

....

Date : ....

Site Web : ....

Identifiant : .... Mot de passe : ....

Adresse mail : .... Code PIN : ....

Question secrète : ....

....

Notes supplémentaires : ....

....

Date : ....

Site Web : ....

Identifiant : .... Mot de passe : ....

Adresse mail : .... Code PIN : ....

Question secrète : ....

....

Notes supplémentaires : ....

....

Date : ....

Site Web : ....

Identifiant : .... Mot de passe : ....

Adresse mail : .... Code PIN : ....

Question secrète : ....

....

Notes supplémentaires : ....

....

Date : ....

Site Web : ....

Identifiant : .... Mot de passe : ....

Adresse mail : .... Code PIN : ....

Question secrète : ....

....

Notes supplémentaires : ....

....

Date : ....

Site Web : ....

Identifiant : .... Mot de passe : ....

Adresse mail : .... Code PIN : ....

Question secrète : ....

....

Notes supplémentaires : ....

....

Date : ....

Site Web : ....

Identifiant : .... Mot de passe : ....

Adresse mail : .... Code PIN : ....

Question secrète : ....

....

Notes supplémentaires : ....

....

Date : ....

Site Web : ....

Identifiant : .... Mot de passe : ....

Adresse mail : .... Code PIN : ....

Question secrète : ....

....

Notes supplémentaires : ....

....

Date : ....

Site Web : ....

Identifiant : .... Mot de passe : ....

Adresse mail : .... Code PIN : ....

Question secrète : ....

....

Notes supplémentaires : ....

....

Date : ....

Site Web : ....

Identifiant : .... Mot de passe : ....

Adresse mail : .... Code PIN : ....

Question secrète : ....

....

Notes supplémentaires : ....

....

Date : ....

Site Web : ....

Identifiant : .... Mot de passe : ....

Adresse mail : .... Code PIN : ....

Question secrète : ....

....

Notes supplémentaires : ....

....

Date : ....

Site Web : ....

Identifiant : .... Mot de passe : ....

Adresse mail : .... Code PIN : ....

Question secrète : ....

....

Notes supplémentaires : ....

....

Date : ....

Site Web : ....

Identifiant : .... Mot de passe : ....

Adresse mail : .... Code PIN : ....

Question secrète : ....

....

Notes supplémentaires : ....

....

Date : ....

Site Web : ....

Identifiant : .... Mot de passe : ....

Adresse mail : .... Code PIN : ....

Question secrète : ....

....

Notes supplémentaires : ....

....

Date : ....

Site Web : --

Identifiant : -------------------------- Mot de passe : --------------------------

Adresse mail : ---------------------------------- Code PIN : --------------

Question secrète : --

Notes supplémentaires : --

Date : --------------

Site Web : --

Identifiant : -------------------------- Mot de passe : --------------------------

Adresse mail : ---------------------------------- Code PIN : --------------

Question secrète : --

Notes supplémentaires : --

Date : --------------

Site Web : --

Identifiant : -------------------------- Mot de passe : --------------------------

Adresse mail : ---------------------------------- Code PIN : --------------

Question secrète : --

Notes supplémentaires : --

Date : --------------

Site Web : --

Identifiant : -------------------------- Mot de passe : --------------------------

Adresse mail : ---------------------------------- Code PIN : --------------

Question secrète : --

Notes supplémentaires : --

Date : --------------

Site Web : ....

Identifiant : .... Mot de passe : ....

Adresse mail : .... Code PIN : ....

Question secrète : ....

....

Notes supplémentaires : ....

....

Date : ....

Site Web : ....

Identifiant : .... Mot de passe : ....

Adresse mail : .... Code PIN : ....

Question secrète : ....

....

Notes supplémentaires : ....

....

Date : ....

Site Web : ....

Identifiant : .... Mot de passe : ....

Adresse mail : .... Code PIN : ....

Question secrète : ....

....

Notes supplémentaires : ....

....

Date : ....

Site Web : ....

Identifiant : .... Mot de passe : ....

Adresse mail : .... Code PIN : ....

Question secrète : ....

....

Notes supplémentaires : ....

....

Date : ....

Site Web : ....

Identifiant : .... Mot de passe : ....

Adresse mail : .... Code PIN : ....

Question secrète : ....

....

Notes supplémentaires : ....

....

——————————————————————————— Date : ....

Site Web : ....

Identifiant : .... Mot de passe : ....

Adresse mail : .... Code PIN : ....

Question secrète : ....

....

Notes supplémentaires : ....

....

——————————————————————————— Date : ....

Site Web : ....

Identifiant : .... Mot de passe : ....

Adresse mail : .... Code PIN : ....

Question secrète : ....

....

Notes supplémentaires : ....

....

——————————————————————————— Date : ....

Site Web : ....

Identifiant : .... Mot de passe : ....

Adresse mail : .... Code PIN : ....

Question secrète : ....

....

Notes supplémentaires : ....

....

——————————————————————————— Date : ....

Site Web : ....

Identifiant : .... _Mot de passe :_ ....

Adresse mail : .... _Code PIN :_ ....

Question secrète : ....

....

Notes supplémentaires : ....

.... _Date :_ ....

Site Web : ....

Identifiant : .... _Mot de passe :_ ....

Adresse mail : .... _Code PIN :_ ....

Question secrète : ....

....

Notes supplémentaires : ....

.... _Date :_ ....

Site Web : ....

Identifiant : .... _Mot de passe :_ ....

Adresse mail : .... _Code PIN :_ ....

Question secrète : ....

....

Notes supplémentaires : ....

.... _Date :_ ....

Site Web : ....

Identifiant : .... _Mot de passe :_ ....

Adresse mail : .... _Code PIN :_ ....

Question secrète : ....

....

Notes supplémentaires : ....

.... _Date :_ ....

Site Web : ....

Identifiant : .... Mot de passe : ....

Adresse mail : .... Code PIN : ....

Question secrète : ....

....

Notes supplémentaires : ....

....

Date : ....

Site Web : ....

Identifiant : .... Mot de passe : ....

Adresse mail : .... Code PIN : ....

Question secrète : ....

....

Notes supplémentaires : ....

....

Date : ....

Site Web : ....

Identifiant : .... Mot de passe : ....

Adresse mail : .... Code PIN : ....

Question secrète : ....

....

Notes supplémentaires : ....

....

Date : ....

Site Web : ....

Identifiant : .... Mot de passe : ....

Adresse mail : .... Code PIN : ....

Question secrète : ....

....

Notes supplémentaires : ....

....

Date : ....

Site Web : ....

Identifiant : .... *Mot de passe* : ....

Adresse mail : .... *Code PIN* : ....

Question secrète : ....

....

Notes supplémentaires : ....

....

Date : ....

Site Web : ....

Identifiant : .... *Mot de passe* : ....

Adresse mail : .... *Code PIN* : ....

Question secrète : ....

....

Notes supplémentaires : ....

....

Date : ....

Site Web : ....

Identifiant : .... *Mot de passe* : ....

Adresse mail : .... *Code PIN* : ....

Question secrète : ....

....

Notes supplémentaires : ....

....

Date : ....

Site Web : ....

Identifiant : .... *Mot de passe* : ....

Adresse mail : .... *Code PIN* : ....

Question secrète : ....

....

Notes supplémentaires : ....

....

Date : ....

Site Web : ....

Identifiant : .... Mot de passe : ....

Adresse mail : .... Code PIN : ....

Question secrète : ....

....

Notes supplémentaires : ....

....

Date : ....

Site Web : ....

Identifiant : .... Mot de passe : ....

Adresse mail : .... Code PIN : ....

Question secrète : ....

....

Notes supplémentaires : ....

....

Date : ....

Site Web : ....

Identifiant : .... Mot de passe : ....

Adresse mail : .... Code PIN : ....

Question secrète : ....

....

Notes supplémentaires : ....

....

Date : ....

Site Web : ....

Identifiant : .... Mot de passe : ....

Adresse mail : .... Code PIN : ....

Question secrète : ....

....

Notes supplémentaires : ....

....

Date : ....

Site Web : ....

Identifiant : .... *Mot de passe :* ....

Adresse mail : .... *Code PIN :* ....

Question secrète : ....

....

Notes supplémentaires : ....

....

Date : ....

Site Web : ....

Identifiant : .... *Mot de passe :* ....

Adresse mail : .... *Code PIN :* ....

Question secrète : ....

....

Notes supplémentaires : ....

....

Date : ....

Site Web : ....

Identifiant : .... *Mot de passe :* ....

Adresse mail : .... *Code PIN :* ....

Question secrète : ....

....

Notes supplémentaires : ....

....

Date : ....

Site Web : ....

Identifiant : .... *Mot de passe :* ....

Adresse mail : .... *Code PIN :* ....

Question secrète : ....

....

Notes supplémentaires : ....

....

Date : ....

www.ingramcontent.com/pod-product-compliance
Lightning Source LLC
Chambersburg PA
CBHW021327160726
47994CB00004B/1642